Acercándome a Dios.

Un acercamiento natural.

Juan Manuel Medina

Contenido.   Pág.

Acercándome a Dios.

Dedicatoria.

Dedico a Dios cada página de este libro por su inmensa misericordia, gracia y sabiduría reflejada en cada letra que inspiró sobre este texto, a mi madre y mi padre a quienes siempre honraré, a mi esposa y mis hijos Juan Esteban y Eliseo a quienes dejare siempre una huella por testimonio, y todas las personas que con buenas intenciones hicieron parte del proceso de transformación y nuevo nacimiento.

Introducción

Conocerte en medio de la oración.

Dar inicio a un conversatorio sobre el conocimiento acerca de Dios, es necesario quizás, que observemos la ciencia denominada como Teología, que en griego proviene de los términos "theos" que significa DIOS, y logos cuya traducción es estudio, la unión de los términos manifiesta como una disciplina que estudia el conjunto de conocimientos acerca de Dios, sus atributos y perfecciones, este concepto es hallado en cualquier buscador como fuente de consulta en el que queramos investigar. Pero, es preferible convertirlo un poco a la sencillez del lenguaje habitual, pues, es inevitable iniciar por los fundamentos básicos de una persona de fe.

Sin embargo, quiero organizarlo en aspectos generales para el entendimiento sencillo, natural y práctico en el cristianismo, inicialmente refiriéndome a un texto de la Iglesia cristiana, consultado como apertura académica de los días de mi discipulado para el bautismo, cuyo contenido está inmerso en un título significativo como el "Oxigeno de mi Crecimiento", allí, encuentro unas palabras enfocadas a ese poder de comunicación existente entre Dios y el hombre, esencialmente, nuestro medio guía y referencial, es el manual de la vida y la fe de todo ser viviente, que para sazonar este contenido es necesario referirnos a ella, pero antes discernir su significado exacto de Biblia, "libro cuyo contenido posee una recopilación de libros sagrados, que contiene, historias, doctrinas, CODIGOS, y traducciones que orientan a los cristianos con base a una tradición judía, pero además el termino griego es "biblion", quiere decir, rollo, papiro o libro, cuya expresión griega es libro sagrado."[1]

En ese orden de ideas, existen muchas maneras de determinar, como y cuando iniciar la vida cristiana, pero, quizás algunos determinamos su aceptación en el instante que razonamos esa necesidad de Jesucristo, y estamos en la expectativa de cambiar nuestra forma de vida, de reconocer su poder y fidelidad en medio de nuestro camino cargado de errores, imperfecciones, quizás de trastornos emocionales, fracasos y esquemas mentales, muchas veces trazados por nuestra incapacidad de amarnos a nosotros mismos, y terminamos aferrándonos al miedo, incluso para determinar que podemos cambiar y abandonar ciertas prácticas enseñadas por el mundo, y adaptarnos a una vida de cristo, abandonarse a sí mismo y seguir su palabra.

Tal vez una decisión difícil cuando no queremos en definitiva soltar ciertos apegos, entramos en una constante duda y apatía a cambiar un estilo de vida, porque creemos que es entrar al perfeccionismo y el rechazo por un pasado, el juzgamiento de la sociedad, tal vez hasta el pensamiento del fracaso por decepciones creadas en aptitudes de otras personas, sin embargo la base principal es "Amar a Dios sobre todas las cosas", Aferrarse a él, ese sería el apego más provechoso del ser humano.

Pero, en ocasiones es cuando nos encontramos en medio de las dificultades cuando miramos a los costados y buscamos determinar cuál es esa sombra que nos permite reposar en medio de la adversidad, entonces nos acordamos de la existencia de Dios, quizás algunos no tengan una creencia, o nunca han definido una presencia de fe, pero en esos momentos existe una intensión de añadir consuelo para incrementar esa fortaleza de seguir viviendo o soportando las inclemencias del mundo.

Seguramente pertenecemos a diferentes religiones, pero la existencia de Dios se enmarca en el concepto de uno solo, como espíritu de confianza y poder sobre toda la tierra, así que, encerrarnos en criticar o murmurar a aquellos que trasmiten su palabra o dan testimonio vivo del poder de Dios como principio de transformación y restauración sobre sus vidas, no es la mejor indicación de fe, cuando es claro que como humanos fallamos y obedecemos a una presencia espiritual sobre toda carne, solo debemos tener en cuenta que su palabra es vida, enfocada a la dirección correcta debido a su aceptación en nuestras vidas como Dios salvador, restaurador, protector y nuestro padre celestial.

Sin embargo, debemos quitar los esquemas mentales acerca de las personas, como sujetos directos de la fe, y comenzar a observar desde otra perspectiva la verdadera confianza de su palabra, tener en claro que no es seguir una iglesia, una religión, un diseño de gobierno pastoral o sacerdotal, tampoco es idea lógica generar un ídolo humano como seguimiento de palabra, si no ver que Dios nos comunica y actúa a través de un cuerpo preparado para su presencia viva. No coloquemos nuestros ojos en el hombre, si no en el verdadero Dios, que es espíritu vivo.

Cuando abrimos las puertas de nuestro corazón a Dios, estamos restableciendo el principio de nuestra paz, gozo y libertad. Pero como podemos comunicarnos con Dios?, desde que ángulo damos inicio a nuestra relación directa con el padre?, es muy natural, de hecho no es imposible, mucho menos difícil como muchos lo hacen ver, es tener en cuenta los principios básicos de ordenamiento en la vida, reconocimiento del poder y gloria de Dios, aceptación entre nosotros mismos, obediencia con disciplina en su palabra, sacrificio a nosotros mismos, persistencia en clamor, amor sobre todas las cosas, confianza y fe en su propósito, humildad en el corazón, una comunicación fluida y directa.

Un dialogo de acercamiento a Dios.

El dialogo es la herramienta fundamental para acercarnos a él, pero tenemos que ser íntegros, amorosos, tener mansedumbre, diligencia de palabra y sobre todas las cosas disposición para escuchar su voz, sin embargo, es significante iniciar con un texto bíblico, en el libro de Mateo 6:6, es necesario indicarlos desde el versículo 5, así:

"5Y cuando ores, no seas como los hipócritas; porque ellos aman el orar en pie en las sinagogas y en las esquinas de las calles, para ser vistos de los hombres; De cierto os digo que ya tienen su recompensa. 6Mas tú, cuando ores, entra en tu aposento, y cerrada la puerta, Ora a tu Padre que está en secreto; y tu Padre que ve en lo secreto te recompensará en público." *(RV1960).*

Un texto que nos indica las primeras condiciones al gran camino de la oración, pero en el versículo quinto, nos invita a no ser hipócritas en ella, orar para satisfacer los ojos de los hombres y que sean vistos como los seres más íntegros, alzar con exposición las manos y simular que existe una pasión de rectitud cuando en verdad el corazón está lleno de orgullo, impureza y pecado, cuantos están sentados en el trono de la iglesia o templo sagrado y a la luz de los ojos, de repente se ven como los mejores cristianos, como si existiese una virtud extravagante de fe, pero nace la pregunta, ¿Sera que su devoción está inmersa en el amor verdadero de seguir a cristo o simplemente en el confesionario de la sociedad para aparentar ser el más limpio de espíritu.?

El texto nos invita enseguida a Lucas 18. 10 -14, la parábola de la viuda y el juez Injusto, y encontramos un texto que impresiona y confronta el semillero de la confianza y la humildad. Permítanme transcribirlo y de paso resaltar las palabras claves de reflexión:

*"10Dos hombres subieron al templo a orar: uno era fariseo, y el otro publicano. 11El fariseo, puesto <u>en pie, oraba consigo mismo de esta manera: Dios, te doy gracias porque no soy como los otros hombres, ladrones, injustos, adúlteros, ni aun como este publicano; 12ayuno dos veces a la semana, doy diezmos de todo lo que gano.</u> 13Mas el publicano, estando lejos, no quería ni aun alzar los ojos al cielo, sino que se golpeaba el pecho, diciendo: **Dios, sé propicio a mí, pecador.** 14Os digo que este descendió a su casa justificado antes que el otro; <u>**porque cualquiera que se enaltece, será humillado; y el que se humilla será enaltecido.**</u>"(RV1960).*

Encontramos que el fariseo no solo se enaltece manifestando ser el más integro, transparente, además es comparativo y discriminador, incluso reclamando tal derecho eterno por estar bajo los propios lineamientos de su fe. Creo que aún no estamos tan lejos de este fariseo, cuando nos dirigimos a los demás y en ocasiones discriminamos a personas por su estrato socio económico, religión, sexo, raza o color, nos queda difícil aceptarnos y humillarnos delante de Dios para manifestar lo pecadores que somos tanto de pensamiento, palabra, obra y omisión, si no que luchamos con nuestra condición imaginando que somos tan perfectos que los demás siempre están bajo la sombra de las tinieblas. Y de cierto si hay algo, es que de las intenciones debemos cuidar nuestro corazón, porque quien guarda a Dios, solo nobleza, humildad y compasión existe para con los demás, sin importar absolutamente ningún rasgo diferente de la humanidad.

Impacta considerablemente en el versículo catorce cuando nos habla sobre el enaltecido que es humillado, enaltecer significa alabarse, dar méritos de grandeza, enorme cuidado nos indica el verso, sean precavidos todos los hombres con vuestra grandeza de palabra, para engrandecerse y alabar su ego de carne, del yo como persona, peor aún, desmejorando con intensión desmotivadora, arrogante y egocéntrica al otro ser hermano cuya cualidad no se sobresalga por cualquier factor personal o aflicción pasajera, porque de él sus suplicas serán más visibles, tan grande es su verdad que la sumisión del que guarda en silencio, en el secreto Dios mira los corazones y los enaltece, es tan eficaz esta palabra que se testifica cuando las personas que se elevan en algunos oficios y humillan a otros, quienes saben guardar la sumisión y se aferran a la fe de Dios, incluso los humillados terminan colocados en sus oficios, quiero decir, el enaltecido pierde su bendición y es repuesta en doble porción a aquel que soporto y creyó en la palabra y hallo gracia delante de Dios.

Es mejor ser prudente y guardar palabra alterada, a lanzar voces sin consentimiento que aten los aires a los pies y terminen siendo tropiezo al andar. También nos invita a cuidar nuestros corazones de la ira y el resentimiento porque serán como semilla que se riega con agua, su fruto lo hará enaltecer desenfrenadamente juzgando al justo por convicción propia de señalarlo en injusto oprimido por su verdad y viceversa, al injusto oprimido por su verdad señalándolo como justo por convicción propia.

Sin alejarnos tanto del propósito del mensaje, nos señala además en Lucas 18: 1. Orar Siempre y no desmayar, quiero transcribir el texto para orientarlo a la interpretación de la revelación:

*"1También les refirió Jesús una parábola **sobre la necesidad de orar siempre, y no desmayar**, 2diciendo: Había en una ciudad un juez, que ni temía a Dios, ni respetaba a hombre. 3Había también en aquella ciudad una viuda, la cual venía a él, diciendo: Hazme justicia de mi adversario. 4Y él no quiso por algún tiempo; pero después de esto dijo dentro de sí: Aunque ni temo a Dios, ni tengo respeto a hombre, 5sin embargo, porque esta viuda me es molesta, le haré justicia, no sea que viniendo de continuo, me agote la paciencia. 6Y dijo el Señor: Oíd lo que dijo el juez injusto. 7¿Y acaso Dios no hará justicia a sus escogidos, que claman a él día y noche? ¿Se tardará en responderles? 8Os*

digo que pronto les hará justicia. Pero cuando venga el Hijo del Hombre, ¿hallará fe en la tierra?" (RV1960).

En este caso la interpretación del texto enseña, cuando nos referimos al orar siempre, creo que es el código de esta cita bíblica, además que existen otras citas donde nos menciona el sentido de la oración como un árbol hermosamente dulce de fruto, aquí nos indica la persistencia, la constancia y la disciplina de la oración, digamos además, "y no desmayar", es incesante, insistir a pesar de las dificultades, es básico que el ser humano se aflija y afronte una serie de confrontaciones personales, sociales, políticas y familiares que hacen que su mente agote el seguimiento a la oración, pero veamos que el texto al finalizar nos coloca un último contraste, "Pero cuando venga el hijo del hombre, hallara fe en la tierra", es fundamental la fe en la oración, creer como convicción que ya ha sido hecho.

En ese orden de ideas, la oración no puede ser una comunicación sin conexión, quiero ilustrar con un ejemplo, distingamos cuando llamamos telefónicamente a alguien, pero lo hacemos sin ganas, con monosílabos, con palabras escasas, con ánimo bajo, es difícil comunicarnos con la otra persona, de hecho hasta el sentido del comunicado pierde razón, pero cuando se hace con intensión, buena aptitud, pasión y amor por quien nos comunicamos, existe información y respuesta de quien está al otro lado de la línea, lo mismo ocurre cuando nos conectamos con Dios, en silencio, en lo secreto, existe conexión, hay constancia, nos señala entonces, una respuesta oportuna al clamor de las voces, es fundamental aclarar que la voz no es simplemente aquella que sale confesa de nuestra lengua, si no también aquella que retumba en nuestros corazones, aquella que solo conocemos como verdad de nuestro sentir y que nadie más puede ver excepto Dios, acordaos pues, de los fariseos y contrástalo con la actitud del publicano.

A esta época, aun creo que la persistencia en la oración no es muy entendida por muchos creyentes, o cristianos, tanto naturales como aquellos espirituales, no es solo ir al templo, orar o esperar que alguien con "Unción" otorgue palabra o imparta una intercepción en adoración, es tomar el consciente y aferrarnos a Dios, con tanta pasión y amor, que la comunicación fluya directamente por nosotros mismos.

No estemos afanosos.

Cuando apareció a mi mente este título, pensé primero en echar un vistazo a Filipenses 4:6, es necesario que transcriba el texto para ilustrar la revelación del mensaje:

"6Por nada estéis afanosos, sino sean conocidas vuestras peticiones delante de Dios en toda oración y ruego, con acción de gracias. 7Y la paz de Dios, que sobrepasa todo entendimiento, guardará vuestros corazones y vuestros pensamientos en Cristo Jesús." (RV1960).

El afán, creo que esta palabra debería ir acompañada hasta de un suspiro decadente, porque, sí que sabemos inspirarnos en él, a todo momento, pero veamos su significado para contextualizarlo más técnicamente, "afán es el deseo intenso que mueve a hacer una cosa." entonces, que tan afanosos estamos por obtener ciertas cosas, o por solucionar otras, no quiere decir que nos es prohibido hacerlo, porque sería algo sobre natural, de hecho la palabra indica por nada estéis, quiere decir, no se afane por nada, absolutamente nada, más bien colóquele de presente sus peticiones a Dios en todas las oraciones o suplicas que hagas delante de su presencia.

Aquí nos vuelve a tocar el tema de la Oración, pero nos indica dos términos más, dice "con acción de gracias." Algo del que también es un extremo reconocimiento dar gracias a Dios porque todo lo que nos rodea proviene de él, ser agradecidos porque algunos no tienen lo que tenemos y otros tienen tanto que no saben lo que tienen y los que no tienen desean lo que tenemos, es un circulo, que a veces nos volvemos ciegos y no miramos tal dimensión, nos enfocamos más en lo que queremos, lo que deseamos y nos afanamos por no tenerlo, o porque no se nos dio ciertas cosas, en fin, cualquiera que sea el afán, no se preocupe simplemente deposítalo en las manos de Dios y démosle gracias por lo que reposa en nuestra mesa y nuestro abrigo, pues lo demás será una adición a nuestra vida. Quizás a la voz de la lectura suene demasiado fácil, y nos interrogamos si será posible, entonces yo respondo diciéndole recuerde que no debemos desmayar, tener persistencia, aferrándonos a la fe, el escudo de todo guerrero, con el que se desvía todo dardo.

Así exista un acumulamiento de estrés sobre sus músculos, debemos soltar toda carga delante de él, y aun así dar gracias, porque recompensa de seguro llegara, no importa que tan difícil se tornen las cosas, de hecho no es prohibido desmayar, pero si lo es quedarse allí estático en el pensamiento, recobremos las fuerzas, pidámosle sabiduría y fortaleza para continuar.

La oración también nos indica con gran maravilla, la terapia reveladora, el llamado a descansar en cristo, me gusta ver este fragmento bíblico creo que profundiza aún más en la verdad de su palabra, hare referencia a la cita de Mateo 11: 28, transcribiré el texto para enmarcar el objetivo del mensaje:

"5En aquel tiempo, respondiendo Jesús, dijo: Te alabo, Padre, Señor del cielo y de la tierra, porque escondiste estas cosas de los sabios y de los entendidos, y las revelaste a los niños. 26Sí, Padre, porque así te agradó. 27Todas las cosas me fueron entregadas por mi Padre; y nadie conoce al Hijo, sino el Padre, ni al Padre conoce alguno, sino el Hijo, y aquel a quien el Hijo lo quiera revelar. **28Venid a mí todos** los que estáis trabajados y cargados, y yo **os haré descansar**. 29Llevad mi yugo sobre vosotros, y **aprended de mí**, **que soy manso y humilde de corazón**; y hallaréis descanso para vuestras almas; 30porque mi yugo es fácil, y ligera mi carga." (RV1960).

Es fundamental que mencione primero el *"aprended de mí, que soy manso y humilde de corazón.",* nos indica a tomarlo como imagen de referencia, la mansedumbre, lento para la ira, ser paciente, sabio y prudente, humilde de corazón, tener sensatez y reconocer con misericordia a los demás, ser uno mismo delante de su presencia, no discriminar a las demás personas, no provocar y tampoco lanzar juicios contra otros, de cierto es que la humildad no significa pobreza, si no riqueza en abundancia delante de los ojos de Dios, porque la sencillez de los hombres mantiene la palabra viva de su fe, y encuentra gracia ante sus ojos.

En cuanto seria medible la humildad del corazón.?, si cuando estamos en la iglesia, saltamos, agarramos con gritos y aplausos, mostrando a los "ojos" de los hombres la convicción devocional, pero cuando salimos del templo volvemos a colocarnos el telón de lobo, "cuidado", en colocarse la lana de la oveja para ingresar al templo y al salir ceñirse de lobo con dientes afilados y asechar cuanto rebaño more en los caminos.

Entonces, aquí nos indican que vayamos delante de Dios, depositemos todas las cargas, él nos dará descanso, aquí es fundamental mencionar, que ir al padre es reconocerlo y escuchar su palabra para que nos alimente la fe, no es quizás sentarnos y renegarle, cuestionarle, es tener la capacidad de reconocer, humillarnos ante su presencia, abrir nuestro corazón, cerrar los ojos, escuchar el interior, reposar y decirle a él, aquí estoy padre, cansado, afligido, reconozco tu poder, tu amor y tu grandeza, restaura mis fuerzas y lleva todo lo que me hace lentos mis pies, todo lo que me fatiga, lo que me derriba, lo que me quita el aliento, todos los afanes, las premuras de mi mente, y el constante apego a mi voluntad propia, dame de beber tu palabra, que sobre mi interior solo existan ríos de agua viva, porque mi alma esta agobiada y necesita de tu aliento de vida, confórtame, dame paz y reposo a mi cuerpo, toma mi mano y coloca luz sobre mis pies para ver la victoria ceñido a tu palabra.

Un lugar para nuestra oración.

El tiempo de oración requiere de concentración y de un espacio de intimidad y paz para estar en comunión con el padre, no es un afán de conectarse para ser salvados por lo que diga nuestra boca sin sentido a lo que sintamos, debe concordar en un solo cuerpo, un solo pensamiento, un solo sentir y una misma palabra, no podemos pensar una cosa, decir otra y actuar de otra manera, esto no tendría sentido, pero hablar del lugar, es encontrar esa paz donde tu pensamiento y tu cuerpo encuentre reposo y paz interior, veamos en Marcos 1:35, el texto nos señala que;

"35Levantándose muy de mañana, siendo aún muy oscuro, salió y se fue a un lugar desierto, y allí oraba." (RV1960).

Nuestro pensamiento debe ser como el amanecer, fresco, recién abierto el cielo, pues su luz está señalando que hay un nuevo regalo, un nuevo día, una nueva oportunidad, dice el texto que "aún muy oscuro", pero quiero indicar que aun en la oscuridad existe luz, aquí coincido con un predicador cuando escuche este ejemplo, de hecho no creía que también lo tuviera referenciado, y es que; los militares utilizan unos instrumentos denominados visores nocturnos que permiten ver en la oscuridad, resulta que este aparato tiene un sistema que amplifica la luz existente en el ambiente, así, que quiero confirmar que en la vida espiritual, aun en los momentos de oscuridad de nuestras vidas, existe luz, debemos usar un sistema llamado oración y fe, para poder amplificar y hacer visible la esperanza en esos momentos de aflicción y oscuridad.

El texto bíblico nos muestra que salió a un lugar desierto, quiere decir de silencio, un lugar de concentración, un espacio donde solo existe intimidad, reserva, familiaridad, es un sitio sagrado para la vida cristiana, donde nos elevamos en cuerpo, alma y espíritu al entendimiento de la palabra y la exposición de nuestro clamor, hacia las exposiciones de la fe y confianza absoluta del padre.

Cuando existe confianza existe comunicación sin limitaciones, exponemos las cosas más íntimas delante de él, confesamos todo lo que somos, lo que sentimos, lo que pensamos y como actuamos. De seguro es que cuando no confiamos en alguien, simplemente omitimos u ocultamos información para no ser expuestos, pero entendamos que la relación con Dios debe ser abierta, el todo lo ve y lo conoce. Así que la invitación es a salir a tu lugar íntimo y utilizar el sistema de oración para encontrar la luz que necesitamos para ver de mejor manera las cosas en medio de la oscuridad.

No solo de pan vive el hombre.

Adiestramos en muchas ocasiones sobre la esencia del ser humano en virtud de su comportamiento y el sentido de la vida misma como rutina natural del ambiente drástico de la sociedad, para adaptarse al medio en la sobrevivencia terrenal, y esto ha conllevado que el ser humano direccione su mente a nuevas cosas materiales, pues los cambios en el sistema socio político inciden mucho sobre las ideas del hombre y esto perpleja la esencia del vivir como ser espiritual, es allí en donde debemos tener el discernimiento suficiente para identificar lo que es verdad y lo que únicamente es semejante a nuestros ojos, quiero decir, ser más analíticos o más hijos de Dios, que afanarse a parecer delante de la vanidad como sombra del orgullo y la hipocresía.

Pues, es fundamental las condiciones materiales, pero es más esencial que elemental, el crecimiento espiritual y el ser llenos de la palabra de Dios, cuando lo encontramos como un instrumento de vida, no perfecta, pero si ceñida a las disposiciones del reino. Pero es importante que el ser humano identifique el poder de la palabra inspirada por Dios.

Antes de conocer a fondo el camino cristiano, es difícil entender las revelaciones espirituales, en ocasiones nos podemos sentir amenazados y temerosos porque pueda haber un juzgamiento o señalamiento de nuestros actos, podremos leer muchas veces la biblia pero no captamos los códigos o palabras claves, hoy comprendo aún más, y con toda la seguridad del mundo, manifiesto que, son tan agraciadas las razones por las que me sumerjo en su palabra, que por cada letra que mis ojos pisan, siento que en mi cerebro transforma y adapta un mensaje claro de avivamiento espiritual.

Sin embargo encontré un pasaje bíblico en la guía cristiana[ii]2, de Mateo 4: 4, cuando Jesús fue tentado por el diablo, y cuando estaba ayunando, fue llevado al desierto, y allí cuando tuvo hambre, fue tentado y le dijo el tentador, si en verdad eres hijo de Dios, dile a esas piedras que se conviertan en pan, y Jesús le respondió:

"4.Escrito está: No solo de pan vivirá el hombre, sino de toda palabra que sale de la boca de Dios." (RV1960).

"Toda palabra que sale de la boca de Dios", ahora bien, es increíble que nos preocupemos por tener la nevera y la lacena repleta de pan, carnes, huevos, cereal y granos, pero descuidamos la esencia del ser, alimentar el espíritu con la palabra de Dios. Si nos detenemos un poco sobre la lectura, en los pocos pasajes que hemos expuesto, hablan de palabras claves; Oración, palabra, orar en secreto, encontrar luz, ahora en este versículo nuevamente nos indica "toda palabra que sale de la boca de Dios" "no solo de pan vivirá el hombre".

Es como el alimento, cuando no aportamos los indicadores adecuados a nuestro cuerpo para sostenerse, este puede desfallecer, pero entendamos que nuestro espíritu necesita alimentarse de la parte celestial, de los mensajes de Dios, de cualquier forma, en una adoración, una alabanza, la biblia, e incluso una misma predica pastoral, siempre se tiene la necesidad de una llama que nos mantenga encendido el "yo creo" con total firmeza, y no podemos dejar que se extinga, esta debe ser fuerte que aunque soplen vientos animosos debe alumbrar nuestro camino, recordemos que la palabra de Dios es luz para mis pies y lumbrera para mi camino.

Pero no solo es de escuchar y sentirnos bien con nosotros mismos, porque estamos viendo y oyendo, tengamos en cuenta que de los hechos se sostiene la práctica y debe coincidir las huellas que dejamos en la arena con la suela del calzado con el que caminamos, saber que nos identificamos con nuestro paso. Me explico, debe haber una práctica, puede que la palabra te alimente, pero si no la ejecutamos en nuestra vida, será como una semilla que tires en medio de piedras, no tendrá fruto, debes tener frutos de esa palabra, debe verse reflejada en su vida de transformación y cambio.

Pero la palabra surte un efecto interesante, que no comprendemos cuando estamos fuera de la fe, ósea, cuando decimos vamos al culto porque somos cristianos, y porque toca ir. Pero no porque realmente hayamos aceptado el poder de Dios, en nuestras vidas, no porque conozcamos en verdad que hay un sentir del espíritu.

Es cuando pensamos que escuchamos la palabra pero en realidad oímos, alguna vez hemos determinado las diferencias en estas dos palabras. Pues bien, acontece que, "oír es percibir una cosa por medio del sentido del oído", y escuchar significa "Prestar atención a lo que uno oye / y según el verbo transitivo es, hacer caso de un consejo o aviso."[3], que perfecto, entonces que bien que se oye la predica de la iglesia, creo que es la frase para algunos, pero en realidad debemos identificarnos con el escuchar.

En alguna ocasión, asistí a una escuela bíblica, durante la exposición de un pastor, sobre como aprender a orar y recibir revelación del espíritu santo, veía como algunos asistentes no dejaban ni terminar la palabra o el mensaje cuando ya estaban diciendo "amen", incluso pasaron murmurando todo la predica, creo que ya tenían la unción de revelación porque ya conocían todo el desarrollo del tema expuesto, era incómodo y me preguntaba ¿Sera que estará oyendo o estará escuchando?, entonces cuando termino el culto, en la siguiente conferencia decidí no hacerme en las sillas de las primeras filas, porque algunos asistentes ya sabían el tema, pero yo quería aprender y captar el mensaje, desde entonces cuando se permite me hago casi en las ultimas sillas. Ya cuando termino la jornada me nació la siguiente frase, *"Quien no sabe escuchar, analizar y reflexionar la palabra de Dios no coloca en práctica la adoración, pues ahí es que, el que no oye o no sabe escuchar, no escucha el espíritu que le habla a su corazón, cuan es, que el líder que no sabe oír a sus ovejas, pierde su rebaño"*.

El texto bíblico además nos enseña otros aspectos, acerca de las tentaciones, vea como se le dijo *"si en verdad eres hijo de Dios, di que esas piedras se conviertan en pan."*, y note que a diario, el cristianismo se ve enfrentado a dicho señalamiento, ejm, *"tú que dices tener a Dios y vea como explicas eso que te sucedió."*, etc., siempre hay una tentación de prueba, pruébame si en verdad tu Dios existe, si en verdad tu que pasas en medio de la iglesia a toda hora, cada instante, tienes el poder de Jesús en tu vida, es una tentación de prueba y allí nos llama a la prudencia, vea como Jesús respondió, y cada trampa había una palabra bíblica, en ningún momento lo sentenció, lo maldijo o le causo agravio, fue más valiente en su palabra que termino declarándole que serviría y adoraría a Dios. Cuantas veces respondemos airadamente y nos dejamos llevar por el impulso de la carne y mostrarnos más perfectos, Jesús fue humilde, sabio y tuvo discernimiento, porque tenía fe y confianza en su padre.

Y nosotros, seremos confrontaos a diario, por cada palabra que levantéis en defensa del señor, señalados e incluso expuestos a la murmuración, pero hay de aquel que provoque con ira una herida a un hijo de Dios, tan siquiera pruebe su ira y jamás podéis haber dicho que mejor no lo hubieses conocido. Recordemos que Jesús antes de partir les dijo a sus discípulos en Juan 6: 33 "Estas cosas os he hablado para que en mí tengáis paz. En el mundo tendréis aflicción; pero confiad, yo he vencido al mundo." Nos manifiesta que existirá aflicción, pero que estemos firmes apegados a su palabra y confiemos en él, ahora bien, veamos este versículo de Juan 6: 21, "La mujer cuando da a luz, tiene dolor, porque ha llegado su hora; pero después que ha dado a luz un niño, ya no se acuerda de la angustia, por el gozo de que haya nacido un hombre en el mundo". Si logramos entender el mensaje, vea que Jesús, hace ver como surgirán las condiciones después de su muerte, pero él ya había preparado en enseñanzas para resistir y soportar cada momento de tribulación.

Por eso, resiste, ora y clama a Dios, que así como la mujer en embarazo espera nueve meses con gran ansiedad, después del dolor del parto verá la victoria, no te afanes, que todo principio tiene su fin. Solo aferrarse a su palabra, y mantener viva la fe, es fundamental, recuerde de cualquier manera debe estar activa, asimílalo como una vela en medio de una cueva oscura, no puedes dejarla apagar, porque ella es el escudo para que todo dardo sea desviado, es su escudo en el mundo.

La armadura de Dios.

Analizando algunas palabras, encontré que existe una cita bíblica donde enseña con firmeza y objetividad un fundamento que para mi concepto, todo cristiano de fe, debe adaptarlo, de hecho me impacto tanto, que dure horas leyendo y repasando cada palabra del texto ubicado en Efesios 6 del 10: 20 "la armadura de Dios", es más que necesario transcribirlo:

*"10 Por lo demás, hermanos míos, **fortaleceos en el Señor, y en el poder de su fuerza.** 11Vestíos de toda la armadura de Dios, para que podáis estar firmes contra las asechanzas del diablo. **12Porque no tenemos lucha contra sangre y carne, sino contra principados, contra potestades, contra los gobernadores de las tinieblas de este siglo, contra huestes espirituales de maldad en las regiones celestes. 13Por tanto, tomad toda la armadura de Dios, para que podáis resistir en el día malo, y habiendo acabado todo, estar firmes.** 14Estad, pues, firmes, ceñidos vuestros lomos con la verdad, y vestidos con la coraza de justicia, 15y calzados los pies con el apresto del evangelio de la paz. 16Sobre todo, tomad el escudo de la fe, con que podáis apagar todos los dardos de fuego del maligno. 17Y tomad el yelmo de la salvación, y la espada del Espíritu, que es la palabra de Dios; 18orando en todo tiempo con toda oración y súplica en el Espíritu, y velando en ello con toda perseverancia y súplica por todos los santos; 19y por mí, a fin de que al abrir mi boca me sea dada palabra para dar a conocer con denuedo el misterio del evangelio, 20por el cual soy embajador en cadenas; que con denuedo hable de él, como debo hablar."* (RV1960).

Interesante interpretación, que nos invita a fortalecernos en Dios y reconocer su poder, saber que es él quien nos liberta, confiar tanto que su presencia se haga en nosotros como una armadura, pero en ningún momento nos desconoce que habrá conflictos y dificultades, y tampoco nos niega que hayan asechanzas de fuerzas oscuras, mire que el versículo 12 dice *"porque no tenemos lucha contra sangre y carne, sino contra principados, contra potestades, contra gobernadores de las tinieblas de este siglo, contra huestes espirituales de maldad en las regiones celestes."* , en muchas ocasiones pensamos que nuestra lucha permanente es en contra de personas, y para ello quiero explicar algo, todos los seres humanos estamos hechos de cuerpo, alma y espíritu, nuestro cuerpo es un templo del espíritu, quiere decir, somos como una vasija de barro, o un vaso del cual somos llenos del espíritu santo, para ello debemos ser llenos de la palabra de Dios para estar plenos y mantener vivo el espíritu, vea que Dios usa mucho a las personas para cumplir su palabra, por ejemplo utilizó el cuerpo de Jesús como su hijo el elegido por Dios, incluso utilizo a maría como madre de Jesús, a través del espíritu santo, uso el cuerpo de Noé a través de su espíritu para crear la barca, y así en lo sucesivo sus discípulos, en ese orden de ideas, el espíritu de Dios requiere de una vasija, un cuerpo, un elemento para ser utilizado como instrumento en su propósito.

Es entonces que así como Dios utiliza el cuerpo, también el mal necesita un cuerpo, me explico, mire que el diablo uso el cuerpo de una serpiente como instrumento para hacer pecar a adán y Eva, uso el cuerpo de judas para dominar su mente y traicionar a Jesús, en ese orden de ideas, encontramos que el mal también necesita de cuerpos para introducirse e impedir que se cumplan los designios, es allí que, cuando se mantiene viva la palabra de Dios, se cierra la posibilidad que estos entren a esclavizar. Por eso vienen pensamientos errados, sentimientos inconclusos y en ocasiones injustificados, actuaciones que justifican hechos equivocados, y hasta palabras que no deberían estar en nuestras bocas, por eso debemos resguardarnos y estar cubiertos con su luz.

Pero cuál es la armadura de la cual nos habla el texto bíblico?, creo que es resumida en las siguientes palabras; Verdad, justicia, paz, fe y palabra de Dios, si estamos en la verdad nunca el enemigo usara la mentira para doblegarnos a su antojo, indico, si nunca colocamos mentira en nuestros labios, las tinieblas no usaran esa debilidad como arma para avergonzarnos delante de ningún ojo perverso y acusador. La justicia porque debemos tener siempre la medida justa de las cosas que sean acorde a la realidad, no podemos indicar, juzgar, señalar, incriminar a nadie que no tenga evidencia de lo que se le indilgue, quiere decir que sobre nuestra vida debemos ser justos, porque si el injusto no conociere que su actuación será rechazada, su camino no estaría forzado a la arrogancia de su boca, a faltar a la verdad y enceguecer a los oprimidos con su ilícito.

No hay mejor precio concebido que la paz, la armonía y ese sentido innato que nos hace tener tranquilidad, sin turbaciones, sin aberraciones o movimientos bruscos del alma que nos consuma los huesos como frio en medio de la intemperie de nuestra piel, sin guerra, sin nada de aquello que nos turbe el corazón, que nos hagan andar en apuros, contiendas o nos induzca a andar agitados por las sendas de la vida, amargados y meditabundos, murmurando y rechinando, perturbando el corazón de otros y dando rencilla al que está en calma.

Sin lugar a duda la palabra fe, es la más pronunciada, menos entendida, y la que decimos que tenemos pero que fallamos, y creo que es la base de todo, mire que el texto nos dice "tomad el escudo de la fe, con que podáis apagar todos los dardos de fuego del maligno", creer que dios todo lo puede, estar plenamente seguros bajo una convicción de esperanza, de confianza en que Dios es nuestro refugio, que él está con nosotros, a veces decimos que tenemos fe, pero cuando llega un momento difícil en la vida, empezamos a dudar de su plenitud y renegamos, o dudamos de su poder para extendernos nuestra ayuda, vea cuando Jesús camino sobre el agua para llegar a la barca de sus discípulos en medio del mar, y pedro le dice (cita bíblica Mateo 14: 28), Señor, *si eres tú, manda que yo vaya a ti sobre las aguas. 29Y él dijo: Ven. Y descendiendo Pedro de la barca, andaba sobre las aguas para ir a Jesús. 30Pero al ver el fuerte viento, tuvo miedo; y comenzando a hundirse, dio voces, diciendo: ¡Señor, sálvame! 31Al momento Jesús, extendiendo la mano, asió de él, y le dijo: ¡Hombre de poca fe! ¿Por qué dudaste?*, tuvo miedo y dudo de él, así mismo somos nosotros, el "miedo" es lo adverso a la fe, es lo que nos hace perderla, eso hace el enemigo, inducirnos a perder esa palabra de dos letras, que tiene un poder de protección inimaginable, es simbolizada como un escudo para esquivar los dardos, inmensa adoración, no paro de reflexionar en ello, es nuestro escudo a todo ataque.

Imagina que estas en el mejor momento de tu vida, tienes una estabilidad, tienes trabajo, una familia, un carro, una casa, eres feliz en el mundo, y cumples con Dios en los compromisos de tu iglesia, pero resulta que el adverso es tan hábil que quiere impedir que vayas a escuchar la palabra de Dios, y comienza a atacarte, te despiertas tarde, el carro se te pincha, llegas tarde a la predica, comienzas a tener una serie de circunstancias adversas que impiden ese propósito en tu vida, entonces en tu mente comienzan a pasar muchas cosas de duda, tanto así, que hasta te llegan recuerdos de tu pasado, hechos, palabras, actitudes de otros, que te desestabilizan, pero, si tienes fe y confías en Dios, esos dardos no te hacen nada porque los esquivas, pero si tu confianza es débil tu escudo se debilita y eres herido, comienzas a flaquear en tu interior, en tu corazón, y puedes terminar abriendo una ventana para él, que está como león rugiente para asfixiarte, tal como está escrito en "1 Pedro 5 8:9, *Sed sobrios, y velad; porque vuestro adversario el diablo, como león rugiente, anda alrededor buscando a quien devorar; 9al cual resistid firmes en la fe, sabiendo que los mismos padecimientos se van cumpliendo en vuestros hermanos en todo el mundo."* Creo que este pasaje nos lleva a confirmar la revelación espiritual de lo que venimos tratando en estos enunciados.

Si supiéramos que dos letras, reunidas forman la fe, tan fuertes que se convierten en el mejor escudo para salvaguardar nuestra vida, por eso orad hermanos míos, adoren a Dios y mantengan su escudo protector en guardia, que no vaya a pasar un dardo e impacte en tu corazón. Por otra parte, nos enseña el yelmo, es un escudo de acero que usaban los soldados romanos en la antigua para proteger la cabeza, por eso nos dice," 17Y tomad el yelmo de la salvación", en nuestra cabeza, es el significado de nuestra mente, nuestros pensamientos, es nuestro control sobre todas las cosas, es nuestro razonar, el cerebro, todo lo que nos hace ser como pensante, entonces, entendamos que los ataques que debemos resistir no turben nuestros pensamientos, nuestra mente, debemos ponernos el casco de acero para obtener la salvación como protección.

Más adelante encontramos, *"y la espada del Espíritu, que es la palabra de Dios; 18orando en todo tiempo con toda oración y súplica en el Espíritu,".* Antes de explicar quiero conceptuar en, Que es una espada?, es una arma blanca, larga, recta, terminada en punta aguda, generalmente con dos filos cortantes, en ese orden de ideas, encontremos que el arma del espíritu es la palabra de Dios, plasmadas en las sagradas escrituras, y aquellas impuestas directamente por Dios, mediante revelación del cuerpo, cuando se hacen con denuedo, que significa, "valor, energía con que se ejecuta una acción", entonces, esas palabras deben ir con fuerza, con energía, mediante el medio instruido de la oración y comunicación directa con nuestro padre celestial. El poder de la palabra viva, eficaz que da revelación, ilumina con su luz el camino de oscuridad, da brillo y hace ver con cautela la firmeza de nuestro andar. Ciñesen a ella convocando el espíritu santo para que toda lengua sea soltada como miel destilada sobre vuestro paladar.

Seamos llenos del espíritu santo.

El poder de Dios en la acción, conocido como el aliento, la fortaleza que nos indilga para hacer su intensión, es aquello que no vemos, pero si sentimos y es demostrado mediante sus obras, vea que nos manifiesta que seamos <u>llenos</u> del espíritu, en efesios 5: 8, reconocido para crear el mundo mediante al aliento de su boca, el soplo de vida, incluso usado para inspiración mediante la escritura, miremos que en 2 pedro 1 20: 21, nos dice *"20entendiendo primero esto, que ninguna profecía de la Escritura es de interpretación privada, 21porque nunca la profecía fue traída por voluntad humana, <u>sino que los santos hombres de Dios hablaron siendo inspirados por el Espíritu Santo.</u> RV1960"* Inspiración divina sobre la palabra que emana toda naturaleza celestial para conocimiento del mundo, mediante la predicación dirigida al pueblo para entendimiento de su sabiduría.

Es tan grande su compresión, que en Lucas 4: 18 cuando Jesús estaba en Nazaret, dijo:

18El Espíritu del Señor está sobre mí,

Por cuanto me ha ungido para dar buenas nuevas a los pobres;

Me ha enviado a sanar a los quebrantados de corazón;

A pregonar libertad a los cautivos,

Y vista a los ciegos;

A poner en libertad a los oprimidos;

19A predicar el año agradable del Señor.

20Y enrollando el libro, lo dio al ministro, y se sentó; y los ojos de todos en la sinagoga estaban fijos en él. 21Y comenzó a decirles: Hoy se ha cumplido esta Escritura delante de vosotros. (RV1960).

Entendiendo esto, es perdurable su trasegar que el espíritu santo nos cobija cada vez que nos investimos en su luz, pero actúa de tal manera como se dispone sobre nosotros, pero, nuestro cuerpo, debe ser preparado para que el espíritu repose en él, encontramos en *1 Corintios 3 16:17 16¿No sabéis que sois templo de Dios, y que el Espíritu de Dios mora en vosotros? 17Si alguno destruyere el templo de Dios, Dios le destruirá a él; porque el templo de Dios, el cual sois vosotros, santo es."*, no engañemos la mente pensando y creyendo que el cuerpo pertenece al ser como humano, pues el espíritu de Dios mora en cada uno de nosotros, no lo destruyas colocando en él cosas que no son de su naturaleza, no inserte cosas a su cuerpo que afecten la morada del padre, recuerde que es por el que su santa voluntad se ciñe de gloria en nuestro interior.

No olvidemos que somos uno solo, un solo cuerpo, una unidad, y que su precio fue pagado en la cruz, por eso manténgase en avivamiento para que el que mora dentro de ti, no termine saliendo como el suspiro de quien trepa el cuerpo ajeno sin permiso de crear doble ánimo. No lo separemos porque si creemos que está en camino de verdad, es contrario a creer que nuestro cuerpo es simplemente una carne con mente y movimiento, pero sin esencia.

Entregarse en completo al espíritu de Dios, en pensamiento, en palabra, en nuestros actos, en todo pues consagrase porque aquel que cree en Dios, dice la escritura, de él correrá ríos de agua viva, su corazón será exaltado y de sus ojos emanara el amor de Dios, así como de sus manos prosperará el camino por donde pase.

Sobre toda esta promesa Dios hará cosa buena, escrito esta que cuando estemos convertidos de todo corazón, rasgándolo, quebrantándolo y mostrando el arrepentimiento, no es rasgar vuestras vestiduras, y gritar su lamento, es que de su corazón y en verdad ofrezcas sacrificios al altísimo, no solo dará pan y miel por misericordia, si no que su gracia lo hará perdurar en revelación celestial, mediante el empoderamiento de la luz sobre la imagen de sus ojos.

Llenaos seas sin reparo alguno, para que la obra del espíritu posesione vuestras intensiones y coloque en su boca una dulce alabanza de rompimiento, sanación y alegría de gratitud, pues es él quien ha puesto en su trasegar luz del firmamento, cuerdas y vientos para que armonicen los pasos de toda criatura que habita en nuestro mundo. Levante las manos, a solas, en público, bajo sinfonía, o solo con voz, pero alábalo para que escuche que tambíen a él se danza y se goza sobre la felicidad de su victoria.

Por eso nos indica Dios, "inclina tu rostro a mí, ora con fe y persistencia que escuchare tu intención, bienaventurados aquellos que te adoran con humildad de corazón, mi Dios, con su voz quebrantan los corazones para limpiar el camino hacia la siembra de tu palabra que florece en nuestra vida." Cuando adoramos con verdadera pasión, o cuando encomendamos al cielo la afinidad de nuestra voz interior, bajo la condición desinteresada de merecerlo todo, es cuando estamos expuestos a que se haga su voluntad.

Creo que el tema de adoración, implica un responsabilidad demasiado amplia, permito comentar una anécdota especial, en aquel tiempo, creía en Dios, mantenía una comunicación con él, de una forma transparente y firme, pues habían ocurrido una serie de circunstancias en la vida que había permitido corroborar y aferrar más la fe y la gratitud hacia su misericordia, pero estaba un poco aislado de la religiosidad, pues mis bases provenían del catolicismo, y aunque tenía ciertos preceptos religiosos, era apático a cierta cosas, respetando el derecho y libertad de religión, pero creo que no comparto ese esquema riguroso de creerse mejor que, simulando una aparente santidad, que oculta es una discriminación involuntaria a los seres humanos, y eso es un debate constante en temas de religión, me atrevo a decir que en el mundo entero.

Pero por circunstancias de Dios, me hizo llevar hasta una iglesia cristiana donde jamás imagine colocar un pie, creo que un día desperté diciendo a mi esposa que quería ir, y de hecho así fue, cuando ingrese, además de sentirme un poco extraño en medio de la multitud, como cuando llegas nuevo a la universidad o la escuela y todos te miran y de repente no sabes si aplaudir, o sentarse, o arrodillarse o alzar las manos, los dedos, uno no sabe cómo situarse en el medio, pero lo importante es que estaba allí, cuando entró el momento de la alabanza, creo que fueron tres fines de semana seguidos donde realmente no me había conectado con la alabanza, pues sentía que existía un canto correcto desde el punto de vista de mi percepción humana.

Así que, al siguiente domingo, fui con disposición, había recibido en las predicas anteriores muchas palabras directas y concretas, con las que me identificaba, eso me tenía muy impactado, y me daba mucha paz interior, sin embargo esta vez cuando comenzó la adoración, no quise ponerme de pie, creo que prefería estar allí escuchando, pues ya creía conocer las voces y ya tenía en mi mente el esquema, así que no creía que hubiera algo más impactante, tanto así, que no comprendía porque bailaban en el templo y cantaban de esa manera si era tan sagrado el altar. Pero algo en mi interior me decía que estuviera allí y sin explicación repentina por ese momento, aún no había empezado lo que Dios tenía diseñado para afirmar mi confianza y ver con mayor respeto la adoración.

Bueno, eso creía yo, cuando con mis ojos cerrados, allí desde mi asiento, escucho una voz de adoración, que solo con oír la primeras palabras, sentí que hubo un quebranto rotundo, sin lugar a duda, me conectó, y hasta llore involuntariamente, no sé, es una sensación extraña para en ese entonces mi posición, así que por medio de la adoración de esa persona me conectaba impresionante, tenía una unción profética por medio del canto muy usado para limpiar el camino y despejar el terreno para la siembra de la palabra de Dios, eso entendí, tiempo después, cuando orando Dios me mostraba como lo uso como instrumento para acercarme aún más a él.

Todo esto lo traigo a este tema, porque cuando estamos preparados internamente para expulsar la palabra de Dios, fluye de tal manera que con solo el tono de sus cuerdas vocales, hacen que hasta los oídos afilen el sonido para guiarlo en la atmosfera espiritual y quitar toda carga, todo muro que levante en medio de su propósito. Así, puedes cantar, bailar y hasta tocar, pero si no estás preparado por medio del espíritu santo, se convierten únicamente en esas tres palabras esenciales para el cuerpo humano.

Enseñanza para nuestra oración.

Si pensamos que para aprender a orar, necesita asistir a la mejor universidad del mundo a fin de obtener una base para logar esa conexión y dignificar lo que Dios a través de su palabra nos invita en todo tiempo. Pues bien, acontece que en la misma biblia, está escrito cuando los discípulos le piden a Jesús que les enseñe a orar, y el mediante su sabiduría revelada por el espíritu de Dios hecho carne, indica los fundamentos básicos. Evidenciemos entonces a San Lucas 1 1:4, es necesario transcribirlo para comprender el texto:

"1Aconteció que estaba Jesús orando en un lugar, y cuando terminó, uno de sus discípulos le dijo: Señor, enséñanos a orar, como también Juan enseñó a sus discípulos. 2Y les dijo: Cuando oréis, decid: <u>Padre nuestro que estás en los cielos, santificado sea tu nombre. Venga tu reino. Hágase tu voluntad,</u>

como en el cielo, así también en la tierra. 3El pan nuestro de cada día, dánoslo hoy. 4Y perdónanos nuestros pecados, porque también nosotros perdonamos a todos los que nos deben. Y no nos metas en tentación, mas líbranos del mal. "(RV1960).

Parece sencillo, quien no sabe el padre nuestro?, creo que hasta al revés y en diferente lenguas, se recita, pero nace la pregunta, se medita o analiza su contexto?, ahora encontramos una práctica que no es distanciada de la realidad, debemos en primer lugar reconocerlo como nuestro padre, el creador, el protector, el amor puro, en la antigua, abab en arameo significaba padre y lo usaban los niños de manera afectiva para referirse al creador de su vida, tal como papá, y se configura una de las primeras palabras que los niños aprenden a decir.

Pero su uso bíblico nos adelanta en una relación de intimidad, confianza y sumisión propia de un niño, como representación de familiaridad, tal es esa confianza que un niño bajo su inocencia confía plenamente en su padre y su amor es incondicional e indeclinable. Pero su expresión es "que estas en los cielos", esto nos invita a reconocer que hay una fuerza celestial sobre nosotros que nos protege y que es más fuerte para nosotros que el propio universo.

El santificar su nombre, nos invita a honrar y dignificarlo, mediante el respeto, la creencia de su ley en el acatamiento de sus mandatos, en el ordenamiento del cuerpo para la consagración de su espíritu en nosotros, colocarlo de primero ante todas las cosas, designar espacios para dignificar la relación de pacto y fidelidad en todo momento, lugar y circunstancia de la vida.

Invocar su presencia en su reino, es reconocer que esta entre nosotros, y que haga su santa voluntad en el cielo y también en la tierra, estamos abriendo la puerta de nuestro corazón mediante la plena convicción de fe para que no sea la voluntad nuestra como humanos, si no aquella determinada por él, bajo el conocimiento digno de su transformación. Cuando hablamos de voluntad, estamos refiriéndonos a esa aptitud personal de decidir y ordenar la propia conducta, quiere decir que disponga lo que sea conveniente según la sabiduría y percepción espiritual de su santidad.

Referirnos al pan, quiere decir un alimento básico que viene desde nuestros antepasados, pero podemos referir que nuestro ser debe estar compuesto por dos alimentos básicos, uno para el cuerpo que corresponde indudablemente a la comida material para mantener las condiciones de humano y vida, así como también el alimento diario de la palabra de Dios, por la cual alimentamos la fe y nos mantenemos vivos espiritualmente a las provisiones de su promesa.

Indudablemente, el cuerpo debe alimentarse de manera diaria, en todos sus aspectos, en cuanto a parte material y esencia.

Luego nos impulsa al perdón, que significa según extracción textual del diccionario de la lengua española, indica cómo *"..Disculpar a otro por una acción considerada como ofensa, renunciando a la venganza, o reclamar un justo castigo o restitución, optando por no tener en cuenta la ofensa en el futuro, sin existir más afectación."* Entonces, pedir perdón al padre, es decir quedar a cuenta con todas esas acciones que lo hayan ofendido no solo a él si no al prójimo o tercera persona afectada. Para ello se debe tener humildad de reconocer y hacer sumisión al efecto de enfrentar y luchar con el ego y orgullo. Pues, encontramos que Jesús dijo, así como también perdonamos a los que nos ofenden, es una conexión dependiente, si nosotros perdonamos el perdona, hay un sometimiento de reclamación, si perdonamos, también debemos ser perdonados, y si lo interpretamos en sentido contrario nos indica, si no te pones a cuenta con los que te ofenden, no pidamos que nos coloque a cuenta nuestra ofensa, porque no existe un enlace de independencia en el acto o la acción del verbo principal que es perdonar.

De toda tentación estamos provisto en la tierra, pero sin embargo Jesús dijo, "y no nos metas en tentación, más líbranos del mal.", recordemos que esa acción se ve muy agradable y placentera pero es dañina, toxica y venenosa, tanto así, que cuando no se es fuerte en ello, se cae fácilmente en esa trampa de tentar, por eso hay que pedirle al padre, diariamente que nos libre de ella y de todo mal que nos aseche en nuestro camino, para turbar la paz y armonía que otorga su amor incondicional. Las debilidades de nosotros los humanos son utilizadas por los espíritus de oscuridades para dominar el cuerpo, y nos tientan a todo momento para demostrar que no somos firmes en Dios, si fue tentado el propio hijo de Dios en muchas ocasiones. Ahora es, por tal efecto que nos enseña a orar y afrontar las aflicciones, y todo cuanto sea, nos dice firmemente a través de Santiago 4 Vr 7, "Someteos, pues, a Dios, resistid al diablo, y huira de vosotros.", así que debe ser como el alimento diario, mantenernos alertas e invocar al padre para que nos libre de todo esto.

El amor es el código.

Contactar a Dios en la oración, debe ser impulsado por el amor, debe existir un convencimiento propio de lo que indica la prevalencia del amor hacia nuestro padre, pero debemos determinar cuál es la clasificación de ese amor, pues, en ocasiones solemos confundir un amor condicionado a aquel que no tiene condición, que es digno y puro bajo el argumento de la reciprocidad, cuando tu "amas" y entregas un regalo o un detalle a cualquier persona como gesto que nazca de voluntad, pero después críticas a esa persona porque aun a pesar de dar, nunca recibió, o das para efectivamente recibir a cambio únicamente una contra prestación, eso es una condición, yo doy porque quiero recibir, mas no das para satisfacción propia de su real y puro amor. Cuantos aun amando damos gestos de afecto, para sentir plena satisfacción de nuestro corazón, no para que nos vean como generosos, ni tampoco para agradar o ser aceptados ante el afán de adaptarse a un medio social.

Entonces, el amor para Dios debe ser incondicional, él nos invita a amarnos los unos a otros, en 1 Juan 4: 7, nos dice que debemos amar a nuestros hermanos, pues Dios es amor, y quien lo tiene a él, tiene el amor, pues ha sacrificado a su hijo quien es fruto de su amor para con nosotros para santificar su nombre, ¿quién que ama a su propio hijo, daría sacrificio de su amor para mostrar el perdón de sus hermanos?, tal vez es una interpretación muy fuerte, pero indiquemos que el mismo texto nos dice, que aquel hermano que dice que ama a Dios, pero aborrece a su hermano es un mentiroso, pues si no ama al que ve, como puede amar al que no ha visto, entonces refiere que, todo el que ame a Dios, ame también a su hermano. Cuantos amamos a nuestros hermanos, aun sin conocerlos, si pasamos odiando en redes sociales, sin ver a las personas en físico, imaginar cuanto hay en su corazón para aquellos que pueden ver, no tiene un razonamiento lógico y real.

Pero como saber que es el amor, demostremos la principal definición espiritual que nos da 1 Corintios 13 del 4: 7, quiero colocar el texto para ser más directo en la expresión, así:

"4El amor es sufrido, es benigno; el amor no tiene envidia, el amor no es jactancioso, no se envanece; 5no hace nada indebido, no busca lo suyo, no se irrita, no guarda rencor; 6no se goza de la injusticia, más se goza de la verdad. 7Todo lo sufre, todo lo cree, todo lo espera, todo lo soporta." (RV1960).

Para los que creían que el amor, era solo un cuento de hadas, solo miel y dulzura, pues, el texto nos dice algunas términos que causan apatía, pero son reales, señala que es sufrido, hay dolor, existe ese índice de padecimiento por él, el ser benigno nos indica que además es comprensivo, es de voluntad y simpatía agradable hacia los demás, incluso nos señala que no posee esa enfermedad llamada envidia, el concepto de esa palabra es de dolor, tristeza, enojo por desear tener algo que otro posee, pero para el amor, no existe ese indicador de deseo maligno. Tampoco el amor es jactancioso, quiere decir que no tiene vanidad por mostrarse o presumir su característica de afecto, pues tampoco se envanece y menos hace lo indebido, no se irrita y tampoco guarda esa espina en el corazón que se llama rencor que termina incrustando hasta los huesos e imposibilita caminar en paz. El amor no se goza de la injustica, porque es compasivo, su base de todo precepto es la verdad. Todo lo sufre, todo lo cree, todo lo espera, todo lo soporta. Y si hacemos un autoexamen, estas últimas palabras, encontraremos un nivel de satisfacción sobre el verbo, sufrir, creer, esperar y soportar.

Siempre he considerado que el amor al que nos refiere Dios, es ese amor, de padre a hijo, así como del hijo al padre, indiquemos que aquel que tiene hijos, sabe que sufre con ellos, desde que nacen, cuando la mujer da a luz, cuando se enferman, cuando se caen, quizás cuando le van a colocar una vacuna, se sufre porque no quiere que nada le suceda a nuestros hijos, creemos en todo lo que hacen ellos, es aceptable y esperamos lo mejor de ellos, nunca pensamos nada malo sobre sus actos, y soportamos siempre sus comportamientos, a pesar que los temperamentos sean explosivos, tarde o temprano son soportados, y no queda rencor, simplemente es una verdad justa, que no tiene individualismo o intereses. Es ese amor de padre a hijo que parece indicar las condiciones del verdadero amor.

Ahora invirtamos esos escenarios en el amor al padre, y nos podemos confrontar de la siguiente manera, ¿Sera que es tan puro el amor a Dios.?, cuando a veces lo juzgamos, lo condicionamos que nos cumpla nuestros deseos y voluntades personales, cuando no se recibe el favor en el tiempo que en la mente humana se señale traer, entonces dudamos, nos afligimos, pensamos y decimos cosas irreverentes que controvierten esa virtud que actuamos delante de los ojos de las personas.

Por eso Dios es tan sabio, que nos dice que cuidemos nuestras intenciones, pues de ellas serán dadas las cosas conforme a su voluntad, hoy es él mismo, que nos invita a retomar el amor verdadero, expuesto a los demás, porque el mundo tiene carencia de ello, y es el hombre quien determina su aceptación, no hay tolerancia, odiamos, recriminamos, no somos íntegros delante de él, y menos delante de nuestros hermanos, de nada sirve pelarnos las rodillas todos los días orando, si en nuestro corazón hay envidia, celos, rencor, mentirosos todos los que juren amor al padre si no aman a su hermano, está escrito en la biblia, ya lo enunciamos, por eso, es el padre que nos invita a evaluar ese sentimiento, a depurar la basura de esos espacios donde hay oscuridad, nos invita a encender la luz, abrir las ventanas y correr las cortinas del corazón, y sembrar amor puro.

Recordemos que es el amor del padre al hijo, así como del hijo al padre, pues Jesús dijo quién me tiene a mí, tiene a mi padre, y el que tiene a mi padre me tiene a mí, y el que lo haya a él, encuentra el amor, pues todo se pasa, las ciencias, las profecías, los pensamientos de niños se pasan, cuando se es ya un hombre se mira como tal en un espejo. Al final del mismo texto de 1 corintios 13: 13 dice, "Y ahora permanecen la fe, la esperanza y el amor, estos tres; pero el mayor de ellos es el amor.", nos resalta nuevamente la palabra "amor", índice de que este es el principio fundamental de nuestra relación con Dios, si queremos ser escuchados en nuestra oración, no solo debemos decirle que lo amamos, si no que debemos demostrarle que es puro y digno de esa honra.

Cuando escribo este texto, específicamente llega a mi mente, hablar de lo importante nuevamente que es amar al prójimo, entonces Dios me indica a Mateo 5: 23-24 que dice lo siguiente, "23 Por tanto, si traes tu ofrenda al altar, y allí te acuerdas de que tu hermano tiene algo contra ti, 24 deja allí tu ofrenda delante del altar, y anda, reconcíliate primero con tu hermano, y entonces ven y presenta tu ofrenda. (RV1960)", me da un fundamento más evidente de la importancia absoluta que es el amor que no guarda rencor, para poder acercarnos a Dios de manera efectiva y fraternal.

Repasemos esas condiciones en nuestra vida, y podremos iniciar una preparación indicada para el proceso de transformación que Dios quiere en nuestras vidas, eliminemos todo veneno que haya sido sembrado en nuestra mente, todo nido de hiel que este destilando violencia a través de nosotros y que involuntariamente no percibimos las consecuencias, si no que invade como un cáncer hasta el punto de acostumbrarnos a esos actos y definirlos como parte de su comportamiento humano, pero no aceptamos que no hacen parte de nosotros.

Despertemos en la verdad y desechemos toda mentira, que la pasión sea la presencia de Dios aceptada en el corazón, para que al inclinarnos delante de él, sepamos con toda seguridad que somos tal cual como somos de manera natural y no ficticia, no aparente, si no puros de corazón, no actúes en una fe de vitrina, si no en una convicción de entrega al padre, de humillarnos delante de el para reconocer su palabra. Levanta tus manos a él, con actos limpios sin manchas, indícale su alma, cuerpo y espíritu solo para él, y clama su presencia, porque es verdadero su amor y vivirás por su gracia, bajo la luz del espíritu santo.

El padre Dios nos dice, que mantenga la fe y la esperanza, pero vive en amor, para que el poder fluya en victoria como fuego que mantiene encendida la llama de la fortaleza.

Deberes cristianos.

Todo tiene una ley, una regla una esencia y una forma, es razón alguna entrar a obedecer los designios de Dios, en su voluntad y acorde a la necesidad espiritual como un objetivo de sustento, fortaleza para caminar sobre la vida. Pero existen beneficios obtenidos por la gracia delante del padre, por hacer el bien y reconocer su poder, por tener obediencia y humildad de corazón que nos enfoca una virtud de reconocimiento y aceptación ante él.

Pero bajo ese contexto, todo cristiano tiene deberes, pero, cual es el significado de un deber?, al consultar encontramos, que es un verbo transitivo, y que trata de tener una deuda u obligación moral o material con otra, esto nos enfoca a que todo cristiano tiene una obligación efectivamente reconocida desde el momento de su aceptación y conversión, pero cuales son entonces, esos deberes que aparecen como deuda, y que deben ser obligatoriamente saldados.

Vayamos al texto de Romanos 12 1:21, en los primeras líneas del texto nos dice que debemos ofrecer como sacrificio vivo nuestro cuerpo, que es santo y agradable a él, recordemos que el espíritu necesita reflejarse en un cuerpo o una materia para hacer un propósito, pues bien, para este caso el cuerpo o carne viene siendo esa materia que debemos ofrecer y preparar para que el espíritu de Dios cumpla su propósito. Y nos dice además que no seamos conformistas con el tiempo, con el mundo, si no que renovemos todo el entendimiento, toda nuestra mente, poder entonces comprobar y ver cuál es la verdadera voluntad de Dios en cada uno de nosotros. Esto nos invita a transformar no solo los hábitos del mundo que nos distancian del área espiritual, si no nuestro pensamiento y hasta nuestros sentimientos, para poder liberar espacio y entender con plenitud cual es el objetivo establecido para cada uno desde un área según su gracia y guía espiritual.

Pero en el versículo 3 del texto de romanos, nos habla de la cordura, es necesario transcribirlo de la siguiente manera, *"3Digo, pues, por la gracia que me es dada, a cada cual que está entre vosotros, que no tenga más alto concepto de sí que el que debe tener, sino que piense de sí con cordura, conforme a la medida de fe que Dios repartió a cada uno."*, debemos ser prudentes, tener moderación, buen juicio y responsabilidad con lo que nos ha dado como don especial, no podemos ser egocéntricos y tampoco idolatrarnos sobre esa gracia especial, nos dice que no tengamos más alto concepto de nosotros mismo que el que debemos tener, no sentirse más, ni mejor que otras personas, si no actuar con prudencia involucrados de lleno con la fe otorgada.

Esto, entonces, quiere decir que todos tenemos una gracia y dones especiales que nos invitan a ser uso de ellos en forma moderada y con raciocinio suficiente, para obrar de buena manera conforme a la intensión del corazón puro, sin maldad y perversidad.

Además, nos da a conocer que todos somos una sola iglesia, un solo miembro, pero que todos tenemos diferentes funciones, nos indica Romanos que, aun siendo muchos, somos un cuerpo en cristo, una unidad que se enlaza de alguna manera como servicio dado a conocer entre todos. No quiere decir esto que existan diferentes unidades o miembros y cada quien pertenece a un Dios superficial, ahí está la oscuridad de la mentira terrenal, pues creen bajo un concepto personal que hay diferencia y discriminación absoluta en el reconocimiento de la eternidad o la santificación. Es un DIOS único y verdadero, profundo de todo entendimiento, evidente de toda vista, y confeso de toda boca, y reconocido de toda rodilla cuando su poder es exaltado.

Ahora bien, de cuales dones y que gracia nos hace diferentes como miembros del cuerpo cristiano, pues la cita bíblica que nos indica con mayor claridad es 1 Corintios 12. 4 – 11 que nos habla de los dones espirituales, donde nos indica,

"Ahora bien, hay diversidad de dones, pero el Espíritu es el mismo. 5Y hay diversidad de ministerios, pero el Señor es el mismo. 6Y hay diversidad de operaciones, pero Dios, que hace todas las cosas en todos, es el mismo. 7Pero a cada uno le es dada la manifestación del Espíritu para provecho. 8Porque a este es dada por el Espíritu palabra de sabiduría; a otro, palabra de ciencia según el mismo Espíritu; 9a otro, fe por el mismo Espíritu; y a otro, dones de sanidades por el mismo Espíritu. 10A otro, el hacer milagros; a otro, profecía; a otro, discernimiento de espíritus; a otro, diversos géneros de lenguas; y a otro, interpretación de lenguas. 11Pero todas estas cosas las hace uno y el mismo Espíritu, repartiendo a cada uno en particular como él quiere."(RV1960).

Nos reflejan cuales son los dones espirituales que nos hacen diferentes en propósito de Dios, pero bajo un mismo cuerpo, un solo espíritu, esto indica bajo este mandato que las condiciones de plenitud son una esencialidad de unión, el mismo texto hace referencia que el cuerpo humano es uno solo, pero tiene diferentes miembros, los oídos, la nariz, las manos, los pies, etc., ellos tienen una función diferente, pero hacen parte del cuerpo, por esta razón no pueden ser separados, evidentemente son esenciales dentro del cuerpo pero de manera diferente y única. Por eso ninguno puede decir que no necesita de otro pues debe haber esa coordinación de necesidad mutua, aunque sea el miembro más débil, o más pequeño, estos hayan en el cuerpo una igualdad bajo cualquier función.

Pero ello, no hace referencia que debemos ser independientes y actuar con egoísmo, arrogancia o indolencia, menos con envidia y tampoco bajo hipocresía. Pues bajo ese principio de Unidad, dice Dios que si algún miembro padece, todos se duelen con él, y si recibe honra pues todos se deben gozar con él. Como miembros componentes de cristo deben preocuparse los unos por los otros, lo puedes encontrar en 1 Corintios 12 del 25 al 27.

Pero creo que ha sido bastante ilustrativa la asignación de dones, incluso hasta emotiva, de gran manera, nos invita a exaltar sin lugar a duda, las condiciones importantes del ser cristiano de todo fervor, pero, existe un detalle importante, para que todas estas condiciones sean hechas en voluntad de sacrificio, en 1 Corintios 13 del versículo 1 al 3, indica el pero, de todos los dones, y del cual lo coloco como un complemento del tema anterior acerca del amor. De esta forma me permitiré trascribir la cita bíblica en mención así:

"1Si yo hablase lenguas humanas y angélicas, y no tengo amor, vengo a ser como metal que resuena, o címbalo que retiñe. 2Y si tuviese profecía, y

entendiese todos los misterios y toda ciencia, y si tuviese toda la fe, de tal manera que trasladase los montes, y no tengo amor, nada soy. 3Y si repartiese todos mis bienes para dar de comer a los pobres, y si entregase mi cuerpo para ser quemado, y no tengo amor, de nada me sirve." (RV1960).

Las subrayas son propias, para indicar el objeto de la interpretación, en ese orden de ideas, para que todo eso sea entregado con facultad y entera confirmación, debe existir amor, ese sentimiento vivo que se mantiene activo hacia Dios, y hacia todos nosotros, "amaos los unos a los otros", entonces si no existe esa condición de nada sirve, nada se es, es así, que cuando hablamos de transformar y renovar, es un todo que no está fraccionado, esta objetivamente claro las condiciones.

En ese orden de ideas, los deberes como cristianos, es tener el amor como principio de toda intensión que conlleve a una acción, debemos renovarnos, transformar nuestra mente, mantener la fe, la esperanza, y aceptar con comprensión la voluntad de Dios, ofreciendo sacrificios agradables a Dios, preparando nuestro cuerpo como vasija para recibir el espíritu santo, enfocar con disciplina la devoción en la oración, para aceptar la voluntad agradable y perfecta de Dios. Actuando con cordura y prudencia, y ejercer en práctica el propósito que se ha colocado en vuestra mente y nuestro corazón.

De nada sirve ser cristiano y manifestar una devoción, si no cumplimos con nuestros deberes básicos para entrar en la gracia y agradar ante los ojos de DIOS, a veces se coloca la intensión es en agradar al hombre, y no atendemos lo que realmente es esencial. Pues la forma es simplemente un cuerpo o una materia que no tiene razón. De qué sirve entonces un frasco de loción, el más costoso, si no tiene nada en su interior y menos el aroma, es fundamental entonces, que exista ese perfume agradable que traslade todos nuestros sentidos, más allá de la esencia, la verdadera transformación en cristo.

La restauración de cristo Jesús, sea realmente un cambio perfecto para el canto de nuestra alma, una adoración de gratitud que permita entregar su palabra mediante el servicio en renovación de fe, restauración de vidas. No indiquemos "salvar almas", cuando no hemos restaurado de pleno el vacío del amor en oración y menos cuando la plena convicción sea la conversión, pues un verdadero cambio está en aferrarnos a su palabra, abrir el corazón y mostrar luz en el camino de aquellos que están quedando segados ante la oscuridad y asfixia de las dificultades, ilustrándoles siempre que hay una esperanza, que en verdad les digo él todo lo puede, absolutamente todo lo imposible es posible.

El testimonio de su poder sea llevado con gran poderío delante de las naciones, que su misericordia coloque corona de favores delante de los cielos, y aquellos que no veían su gloria como ciegos que atientas saboreaban sus bocados sin ver de donde provenían, hasta ellos abrirán los ojos y verán, comerán, se deleitaran y caminaran bajo la palabra viva del espíritu santo.

Que se levante todo aquel que tiene sed de Dios, alce sus brazos y abra sus manos en secreto delante de su presencia para que por medio de su voluntad sean lavadas del pecado, curadas sus heridas y llenas de pan para su alma, sus ojos brillaran como los luceros que del firmamento anclados están, su rostro enseñoreara juventud, porque de su luz destilara gracia delante de todos los hombres, y su corazón será quebrantado y echara fuera todo rencor, ira, resentimiento, odio y desilusión, será rebosado en el amor.

Todo el que este cargado vengan a él, escuchen su palabra, humillen su cuerpo delante de sus pies, y adórenle con verdadera integridad y plenitud, para que extienda sus manos sobre sus cabezas unja con su sangre el perdón del sacrificio por sus pecados, para que con libertad vivan del gozo de su paz. Acepta su transformación y restauración, pero, jamás vuelva su mirada atrás, para que no quede su espíritu anclado a la esclavitud de su carne. Pues, ya has sido libre.

Congréguense delante de Dios, en humildad, porque donde hay uno, dos o tres, que invoquen su presencia allí estará él, invítale con sinceridad para que el fuego de su palabra arda en sus corazones, pero marque para siempre la existencia de sus vidas. También adórenle, que suenen sus cuerdas, trompetas, tambores y pianos, finas son sus melodías, cántenle con sentimiento, desde lo más profundo de su ser, lancen su voz que son espadas que derriban todo lo malo, abren caminos y sanan heridas, estos serán usados conforme a la sencillez de su corazón, serán grandes en gracia y la misericordia estará a favor de sus actos.

Acepten a todos sus hermanos, no importa su diferencia de cuerpo, ámenle, deléitelos en la palabra de Dios, con prudencia abridle sus ojos, para que no sean espantados por temor su intención de acercarse al padre, sean suaves y frescos en su voz, pero directo y ardiente en su mensaje para que en la mente permanezca el brillo de la luz que has colocado en el candelabro de sus pensamientos.

Avívense en la fe, los unos a los otros, orando en unidad, cúbranse con entendimiento en su amor. Abrácense con hermandad, pues nunca sabemos los pesares del hermano, este gesto será como agua fría en medio del desierto, de seguro aliviara hasta los huesos del quebrantado, y dará consuelo al desmayado en tristeza.

Nunca quedes en silencio, ante su presencia, que no sea que cuando él te busque, no estés allí, donde todos los días escuchaba tu voz, y de repente silencies, será como una vela que apaga su llama. Enciende siempre su mecha para que vea su persistencia en el resplandor.

Ahí de aquel a quien han callado y encubierto sus palabras, será levantado como árbol, su voz será restaurada y cruzara como dardos todo oído, limpiara todo corazón, como aquel que haya hecho pacto delante de Dios, tendrá autoridad siempre que permanezca en cristo Jesús, no solo sus palabras destilaran unción, si no su presencia dará comunión.

Levántense todos los quebrantados de corazón, los que estén en injusticia, adórenle a Dios, pedid de rodillas su reivindicación, cuando escuche su clamor no solo devolverá su libertad, también restaurara lo dejado de recibir por añadidura, hará justicia en medio de sus enemigos y te vestirá de verdad, te colocara enfrente de ellos y te mostrara en victoria.

El que este apegado al vicio de carne, entregue su apego a Dios, toma la decisión con fuerza y confían en el ciegamente, con certeza les digo que no solo olvidaran, si no aborrecerán aquello que dañaba su templo en plenitud del espíritu.

No pongas tu corazón en lo material, porque ello en la tierra es fiado, disfruten de todo a la medida de su abundancia, pero celebren siempre con gratitud hacia el padre quien concede para vivir dignamente. Preocúpense por enriquecer su espíritu, porque no solo de pan vive el hombre.

Jamás envidies las riquezas del injusto o el impío, recuerden que es mejor un bocado de pan en paz, que manjares en contienda. Siempre es preferible la comida sencilla, pero hecha con amor.

Y el que intercede por sus hermanos, empuñe su espada con fuerza, use su corazón, nunca estén turbados, porque sus ruegos serán vacíos, no se escucharan, pero si están limpios, serán como trompeta, su eco se escuchara hasta en las hendiduras de las rocas.

Oren y no desfallezcan, esperen en Dios y no se desvíen, adoren y no perezcan, sirvan y no renuncien, usen la armadura de Dios en todo tiempo, ese es el verdadero sentido del amor a cristo.

Sabiduría derramara el padre a quien enseñe su palabra, será lleno de entendimiento cuyas palabras quedaran aferradas en la mente de todo el que escuche su testimonio, escurrirán versos de alabanza y traerá al presente la voz de Dios, para conocimiento y pureza en su nombre.

Gozo en medio de la prueba, someterse a Dios y resistir el mal.

Cuando estamos en el camino para el cumplimiento de los deberes cristianos, inicia una etapa de transformación, renovación y crecimiento del conocimiento vivo de la palabra de Dios, existirán quienes empezaran a activar algunos dones especiales, y a medida que se va limpiando la mente, el corazón, el alma y el espíritu, se van experimentando fortalezas en aquellas personas elegidas con dones especiales para un servicio más directo sobre el mundo.

Esto indica, que en el desarrollo del crecimiento espiritual, y el descubrimiento de ciertas capacidades especiales establecidas para obtener un propósito específico, implica que en el camino se presentaran pruebas y ataques por parte de fuerzas espirituales negativas para obstaculizar a como dé lugar su crecimiento e impedir que se cumpla en sí, la manera de Dios.

Entonces encontramos pruebas fuertes para hacer abortar ese objetivo, esto indica que, a aquello a lo que se haya renunciado para aceptar la conversión, vuelve a ser intenso y tentador de todas las maneras posibles, incluso más perfeccionado, pero busca la manera de atraerte a ese mundo, a fin de probar y avergonzarte como un cristiano sin fe.

En Santiago 4 Versículo 7, nos dice que debemos someternos a Dios, en obediencia, clamor, alabanza y servicio, resistiendo al diablo y así huira de nosotros, resistir todas las pruebas, ahora, miremos que el mismo texto el versículo 13 nos indica *"Cuando alguno es tentado, no diga que es tentado de parte de Dios; porque Dios no puede ser tentado por el mal, ni el tienta a nadie; 14 si no que cada uno es tentado, cuando de su propia concupiscencia es atraído y seducido."(Versión RV1960)*, debemos entender el significado del término de concupiscencia, nos muestra como ese sentir de deseos o exceso de ellos, que no son gratos a Dios.

Cuidar de los deseos, porque ellos son usados como un arma para volver a caer en lo ilícito nuevamente, no ser necios, como nos enseña proverbios 26 versículo 11 *"como perro que vuelve a su vómito, así es el necio que repite su necedad," (Vs RV1960)*, quiere decir, si ya expulsaste o echaste fuera todos esos deseos, aptitudes, comportamientos, malos hábitos, etc., después de convertidos no se vuelven a recoger y menos tomarlos para sí. Rechazarlos con fuerza, recordar el amor de Dios, orar y aferrarse a la fe, tener en cuenta todo el daño que ocasionó al alma, cuerpo y espíritu, aborrecer todo pecado sobre la vida que le impida habitar el espíritu de Dios, pedir sabiduría que nuestro padre, dará en abundancia, pero al pedir, hacerlo con mucha fe, con la fuerte convicción de que ya fue hecho, sin reproche, tampoco indicar duda, debe existir seguridad y confianza.

No afligirse porque se está siendo probado, en Santiago 1 versículo 2-3, nos dice *"Hermanos míos, tened por sumo gozo cuando os halléis en diversas pruebas, 3 sabiendo que la prueba de vuestra fe produce paciencia". (Vs*

RV1960), tal vez, suene imposible el termino, "gozarnos", y menos cuando somos probados por el déficit financiero, supongamos que se viene una tremenda escases, y entonces comenzamos a dudar, renegamos, aparece la tristeza, depresión, pesadez, cansancio y desaliento, porque nos comienza a asfixiar, nos coloca obstáculos, tanto que ubica nuevamente personas que quizás haya renunciado a volver a ver, o se te aparece ese deseo mental de oprimirse, imaginas cosas que no son ciertas, comienzas a ver a la iglesia de manera incorrecta, o a los mismos servidores, y vienen malas interpretaciones de ciertas actitudes quizás involuntarias, a esto es preciso indicar como una manipulación, un engaño, un velo ante los ojos, para que echemos todo a un lado y renunciemos.

Cuando nos encontremos en esos momentos de prueba, debemos tener presente el mismo libro de Santiago 1 en el versículo 12 que dice *"Bienaventurado el varón que soporta la tentación; porque cuando haya resistido la prueba, recibirá la corona de vida, que Dios ha prometido a los que le aman. (Vs RV1960)"*, fundamental tener presente este versículo en la mente y mantenerlo en los pensamientos, la prueba no es para siempre, es pasajera, en Pedro 5 versículo 10 nos enseña *".Mas Dios de toda gracia, que nos llamó a su gloria eterna en Jesucristo, después que hayáis <u>padecido un poco de tiempo</u>, el mismo os perfeccione, afirme, fortalezca y establezca." (Vs RV1960)*, entonces, no abandone, jamás, demuestra que eres fuerte en Dios, que la oscuridad no tiene autoridad para dominar tu cuerpo como un marioneta, indícale con dominación que es el padre, nombre sobre todo nombre, que reina en su vida y que es el espíritu santo quien imparte la luz para entendimiento de su palabra y muestra los frutos de su fe, por buena conducta y obediencia a él.

Hermanos, cuidad de sus pensamientos y su mente, que su boca solo sea usada para bendecir, póngale un freno como los caballos usan para obedecer y dirigir su cuerpo, porque la lengua es un miembro pequeño que se jacta de grandes cosas. He aquí cuando grande bosque enciende un pequeño fuego, Santiago 3 versículo 6 (vs RV1960) *"...y la lengua es un fuego, un mundo de maldad. La lengua esta puesta entre nuestros miembros y contamina todo el cuerpo."*, no podemos bendecir y maldecir, tal cual, un árbol no pude dar frutos dulces y amargos, en momentos de prueba, podemos perder el domino propio y damos rienda a las palabras negativas. En proverbios 18 del versículo 20 al 21 (Vs RV 1960) nos dice *"Del fruto de la boca del hombre se llenara su vientre; se saciara del producto de sus labios. 21 la muerte y la vida están en poder de la lengua, y el que la ama comerá de sus frutos."*, fortaleza en nuestro padre, no atemos con las palabras lo que hemos iniciado como un nacimiento nuevo, un vino recién hecho no puede ser amargo por un recipiente contaminado.

Así que, no apague su antorcha, aviva el fuego en su corazón porque al abandonar el mundo para gloria de Dios, debe resistir y mantenerse en la fe, armados en la armadura de Dios, veamos Romanos 10 versículo 9 *"...que si confesares con tu boca que Jesús es el señor, y creyeres en tu corazón que Dios le levantó de los muertos, serás salvo."* Y aun medio de prueba, seremos llenos de gracia, su misericordia extenderá su mano y nos fortalece por medio del espíritu santo, nos dice en San Mateo 11, 28 *"Venid a mi todos los que estáis trabajados y cargados, y yo os hare descansar."* (Vs RV1960).

Entre más fuerte percibamos que se levantan los obstáculos, y que los deseos incontrolables quieren asfixiar los pensamientos, no pierdas la paz, no atormentes tu gozo, ve y ora en secreto, acércate a Dios con mayor fuerza, porque esto indica con toda seguridad que la corona que nuestro padre colocara sobre ti, es tan grande que a alguien tiene incómodo. Se fuerte, resiste, y no bajes la guardia, que no sea que cuando descuides tu escudo te hiera algún dardo, recuerde que siempre asecha como león rugiente.

Finalmente quiero bendecir y profetizar que sea Dios todo poderoso quien entregue bajo la dirección del espíritu santo, la luz resplandeciente para que puedas ver el camino donde inicias un nuevo pacto de transformación, que entregue la fortaleza suficiente para armarse de valor y no desmayar ante las debilidades, que a través de su palabra renueve sus pensamientos y construya un carácter manso y humilde para que su cuerpo sea restaurado como templo del espíritu, que todo yugo sea quebrantado y diluido en medio de la fuente de adoración y alabanza, para que con su llave puedan abrirse las puertas a la gloria y honra de su santo nombre.

Amen.

Agradecimientos.

A Dios, por darme la sabiduría y el entendimiento, mediante la revelación de su palabra, mi fortaleza y escudo protector.

A ese padre y guía espiritual que a través del espíritu santo, y la sabiduría entregada por Dios, enseñó y orientó cada proceso de transformación, a quien designo mi padre celestial para levantarme y fortalecer mi fe día a día en medio de las pruebas. Quien por testimonio dará honra a Dios vivo.

Al Centro Familiar Cristiano, Sincelejo, por ser el lugar usado por Dios para mi nacimiento y activación espiritual.

Bibliografía

https://www.significados.com/biblia/

Guías discipulado Centro Familiar Cristiano Sincelejo Noviembre 2019.

https://es.wikipedia.org/wiki/Wikipedia

Texto bíblico Reina – Valera 1960 @Sociedades bíblicas en América Latina, 1960 Derechos renovados 1988, Sociedades Bíblicas Unidas.

Derechos reservados ISBN 978-958-48-8480-0
(Juan M. Medina) / 2020
Contacto: jmb03412@gmail.com